Giorno Diverso

Libri Per Bambini 9-11 Anni | Vol. 1 | Sottrazione

ActivityCrusades

Copyright © 2017 by ActivityCrusades
Tutti i diritti riservati.

Pubblicato da Speedy Publishing Canada Limited

ActivityCrusades
activity books

SOTTRAZIONE

1

Trova il numero mancante.

Ex.

1) **98** - 42 = 56

2) 58 - __ = 3

3) __ - 48 = 24

4) __ - 37 = 62

5) __ - 56 = 24

6) 91 - __ = 16

7) 89 - __ = 30

8) __ - 50 = 45

9) __ - 37 = 20

10) __ - 49 = 30

11) 81 - __ = 27

12) 79 - __ = 4

1) __ - 80 = 12

2) __ - 63 = 33

3) 90 - __ = 55

4) __ - 58 = 2

5) 91 - __ = 11

6) 45 - __ = 5

7) __ - 58 = 7

8) 97 - __ = 11

9) __ - 85 = 12

10) 51 - __ = 17

11) 89 - __ = 10

12) __ - 56 = 14

(3)

1) $66 - \_\_ = 8$

2) $\_\_ - 64 = 17$

3) $\_\_ - 60 = 26$

4) $79 - \_\_ = 31$

5) $85 - \_\_ = 46$

6) $\_\_ - 51 = 24$

7) $\_\_ - 48 = 9$

8) $46 - \_\_ = 1$

9) $93 - \_\_ = 38$

10) $\_\_ - 38 = 12$

11) $\_\_ - 46 = 39$

12) $59 - \_\_ = 3$

1) $99 - \underline{} = 19$

2) $68 - \underline{} = 19$

3) $\underline{} - 35 = 48$

4) $\underline{} - 36 = 36$

5) $\underline{} - 30 = 58$

6) $\underline{} - 51 = 2$

7) $74 - \underline{} = 8$

8) $\underline{} - 49 = 15$

9) $59 - \underline{} = 28$

10) $\underline{} - 58 = 21$

11) $94 - \underline{} = 24$

12) $\underline{} - 66 = 7$

1) __ - 47 = 51

2) __ - 41 = 20

3) 96 - __ = 17

4) __ - 84 = 7

5) __ - 38 = 1

6) __ - 42 = 24

7) 82 - __ = 26

8) 77 - __ = 28

9) 60 - __ = 22

10) __ - 38 = 58

11) 99 - __ = 25

12) 64 - __ = 14

1) 90 - __ = 26

2) __ - 84 = 11

3) 51 - __ = 16

4) 90 - __ = 40

5) __ - 62 = 21

6) 92 - __ = 31

7) 47 - __ = 15

8) 94 - __ = 21

9) __ - 49 = 50

10) 97 - __ = 58

11) __ - 38 = 40

12) __ - 51 = 5

1) $48 - \_\_ = 2$

2) $99 - \_\_ = 11$

3) $\_\_ - 50 = 22$

4) $71 - \_\_ = 5$

5) $\_\_ - 40 = 40$

6) $73 - \_\_ = 25$

7) $73 - \_\_ = 2$

8) $\_\_ - 46 = 38$

9) $63 - \_\_ = 26$

10) $\_\_ - 40 = 59$

11) $92 - \_\_ = 27$

12) $61 - \_\_ = 14$

1) __ - 55 = 7

2) __ - 91 = 1

3) 89 - __ = 57

4) __ - 50 = 41

5) 87 - __ = 17

6) __ - 64 = 9

7) 89 - __ = 34

8) 84 - __ = 23

9) 62 - __ = 23

10) __ - 42 = 10

11) 62 - __ = 31

12) 59 - __ = 11

1) __ - 63 = 23

2) 96 - __ = 58

3) 94 - __ = 27

4) __ - 57 = 3

5) __ - 80 = 7

6) __ - 51 = 16

7) 96 - __ = 51

8) 82 - __ = 9

9) 84 - __ = 34

10) __ - 55 = 4

11) 77 - __ = 29

12) 49 - __ = 3

1) 81 - __ = 5

2) __ - 34 = 25

3) 76 - __ = 16

4) __ - 35 = 38

5) __ - 34 = 65

6) 79 - __ = 38

7) 79 - __ = 34

8) __ - 53 = 26

9) 86 - __ = 1

10) 75 - __ = 35

11) 78 - __ = 23

12) __ - 72 = 15

1) 98 - ___ = 30

2) 55 - ___ = 25

3) 99 - ___ = 8

4) 58 - ___ = 4

5) 93 - ___ = 16

6) ___ - 56 = 13

7) ___ - 31 = 39

8) ___ - 48 = 20

9) ___ - 53 = 33

10) 87 - ___ = 30

11) ___ - 51 = 15

12) 53 - ___ = 5

1) __ - 45 = 51   2) 79 - __ = 12

3) __ - 35 = 15   4) 73 - __ = 18

5) __ - 47 = 50   6) __ - 44 = 31

7) __ - 30 = 21   8) __ - 77 = 6

9) 93 - __ = 12   10) __ - 53 = 33

11) 81 - __ = 14   12) 72 - __ = 20

Sottrazione rispetto all'aggiunta.
Determinare quale numero risponde correttamente a entrambe le equazioni.

Ex.

1) __**2**__ + 9 = 11
   11 - 9 = __**2**__

2) _____ + 1 = 5
   5 - 1 = _____

3) _____ + 2 = 20
   20 - 2 = _____

4) _____ + 12 = 17
   17 - 12 = _____

5) _____ + 1 = 20
   20 - 1 = _____

6) _____ + 4 = 6
   6 - 4 = _____

7) _____ + 5 = 14
   14 - 5 = _____

8) _____ + 17 = 19
   19 - 17 = _____

9) _____ + 1 = 19
   19 - 1 = _____

10) _____ + 16 = 18
    18 - 16 = _____

1) _____ + 13 = 18
18 - 13 = _____

2) _____ + 1 = 15
15 - 1 = _____

3) _____ + 4 = 19
19 - 4 = _____

4) _____ + 2 = 20
20 - 2 = _____

5) _____ + 5 = 12
12 - 5 = _____

6) _____ + 10 = 17
17 - 10 = _____

7) _____ + 14 = 17
17 - 14 = _____

8) _____ + 2 = 13
13 - 2 = _____

9) _____ + 3 = 12
12 - 3 = _____

10) _____ + 14 = 18
18 - 14 = _____

1) _____ + 5 = 18
   18 - 5 = _____

2) _____ + 3 = 19
   19 - 3 = _____

3) _____ + 5 = 17
   17 - 5 = _____

4) _____ + 10 = 13
   13 - 10 = _____

5) _____ + 2 = 20
   20 - 2 = _____

6) _____ + 14 = 17
   17 - 14 = _____

7) _____ + 8 = 16
   16 - 8 = _____

8) _____ + 2 = 17
   17 - 2 = _____

9) _____ + 6 = 19
   19 - 6 = _____

10) _____ + 7 = 20
    20 - 7 = _____

1) _____ + 1 = 18

18 - 1 = _____

2) _____ + 7 = 9

9 - 7 = _____

3) _____ + 14 = 18

18 - 14 = _____

4) _____ + 1 = 7

7 - 1 = _____

5) _____ + 1 = 12

12 - 1 = _____

6) _____ + 2 = 16

16 - 2 = _____

7) _____ + 15 = 19

19 - 15 = _____

8) _____ + 11 = 16

16 - 11 = _____

9) _____ + 3 = 18

18 - 3 = _____

10) _____ + 4 = 14

14 - 4 = _____

1) _____ + 1 = 9
9 - 1 = _____

2) _____ + 10 = 12
12 - 10 = _____

3) _____ + 1 = 17
17 - 1 = _____

4) _____ + 3 = 18
18 - 3 = _____

5) _____ + 3 = 13
13 - 3 = _____

6) _____ + 2 = 17
17 - 2 = _____

7) _____ + 3 = 9
9 - 3 = _____

8) _____ + 4 = 11
11 - 4 = _____

9) _____ + 13 = 17
17 - 13 = _____

10) _____ + 2 = 9
9 - 2 = _____

1) _____ + 6 = 20
20 - 6 = _____

2) _____ + 2 = 11
11 - 2 = _____

3) _____ + 2 = 17
17 - 2 = _____

4) _____ + 1 = 18
18 - 1 = _____

5) _____ + 2 = 5
5 - 2 = _____

6) _____ + 1 = 20
20 - 1 = _____

7) _____ + 6 = 16
16 - 6 = _____

8) _____ + 7 = 17
17 - 7 = _____

9) _____ + 3 = 18
18 - 3 = _____

10) _____ + 8 = 20
20 - 8 = _____

1) _____ + 1 = 20
   20 - 1 = _____

2) _____ + 3 = 6
   6 - 3 = _____

3) _____ + 1 = 19
   19 - 1 = _____

4) _____ + 4 = 7
   7 - 4 = _____

5) _____ + 3 = 18
   18 - 3 = _____

6) _____ + 6 = 11
   11 - 6 = _____

7) _____ + 6 = 12
   12 - 6 = _____

8) _____ + 11 = 19
   19 - 11 = _____

9) _____ + 16 = 18
   18 - 16 = _____

10) _____ + 5 = 10
   10 - 5 = _____

1) _____ + 4 = 16
    16 - 4 = _____

2) _____ + 5 = 8
    8 - 5 = _____

3) _____ + 5 = 11
    11 - 5 = _____

4) _____ + 1 = 20
    20 - 1 = _____

5) _____ + 2 = 15
    15 - 2 = _____

6) _____ + 12 = 20
    20 - 12 = _____

7) _____ + 10 = 18
    18 - 10 = _____

8) _____ + 3 = 19
    19 - 3 = _____

9) _____ + 2 = 5
    5 - 2 = _____

10) _____ + 2 = 17
    17 - 2 = _____

1) _____ + 6 = 20
   20 - 6 = _____

2) _____ + 1 = 20
   20 - 1 = _____

3) _____ + 9 = 19
   19 - 9 = _____

4) _____ + 8 = 18
   18 - 8 = _____

5) _____ + 2 = 20
   20 - 2 = _____

6) _____ + 1 = 19
   19 - 1 = _____

7) _____ + 3 = 15
   15 - 3 = _____

8) _____ + 15 = 17
   17 - 15 = _____

9) _____ + 1 = 5
   5 - 1 = _____

10) _____ + 2 = 12
    12 - 2 = _____

1) _____ + 1 = 20
   20 - 1 = _____

2) _____ + 7 = 12
   12 - 7 = _____

3) _____ + 4 = 19
   19 - 4 = _____

4) _____ + 6 = 19
   19 - 6 = _____

5) _____ + 2 = 17
   17 - 2 = _____

6) _____ + 12 = 19
   19 - 12 = _____

7) _____ + 17 = 19
   19 - 17 = _____

8) _____ + 1 = 9
   9 - 1 = _____

9) _____ + 4 = 6
   6 - 4 = _____

10) _____ + 3 = 6
    6 - 3 = _____

1)   _____ + 3 = 20
     20 - 3 = _____

2)   _____ + 10 = 19
     19 - 10 = _____

3)   _____ + 1 = 11
     11 - 1 = _____

4)   _____ + 3 = 13
     13 - 3 = _____

5)   _____ + 6 = 8
     8 - 6 = _____

6)   _____ + 7 = 12
     12 - 7 = _____

7)   _____ + 2 = 17
     17 - 2 = _____

8)   _____ + 1 = 19
     19 - 1 = _____

9)   _____ + 2 = 20
     20 - 2 = _____

10) _____ + 1 = 20
     20 - 1 = _____

1) _____ + 6 = 19
   19 - 6 = _____

2) _____ + 1 = 14
   14 - 1 = _____

3) _____ + 4 = 16
   16 - 4 = _____

4) _____ + 3 = 15
   15 - 3 = _____

5) _____ + 1 = 19
   19 - 1 = _____

6) _____ + 1 = 20
   20 - 1 = _____

7) _____ + 9 = 20
   20 - 9 = _____

8) _____ + 4 = 10
   10 - 4 = _____

9) _____ + 6 = 16
   16 - 6 = _____

10) _____ + 3 = 18
    18 - 3 = _____

Risolvere i seguenti problemi.

Ex.

1) 7,435
   - 3,021
   ————
   4,414

2) 5,277
   - 3,736

3) 2,537
   - 1,949

4) 1,647
   - 1,030

5) 7,207
   - 4,198

6) 6,115
   - 5,526

7) 9,700
   - 2,919

8) 6,141
   - 3,505

9) 2,195
   - 1,271

10) 6,334
    - 4,254

1) 8,150
  - 1,474

2) 3,806
  - 2,715

3) 3,916
  - 3,602

4) 5,393
  - 3,018

5) 3,707
  - 1,930

6) 7,422
  - 2,430

7) 2,636
  - 1,337

8) 6,677
  - 2,808

9) 4,825
  - 3,562

10) 7,714
  - 3,306

1) 1,585
  - 1,276

2) 6,298
  - 5,900

3) 1,210
  - 1,183

4) 1,417
  - 1,110

5) 3,212
  - 2,537

6) 4,969
  - 2,024

7) 5,455
  - 3,980

8) 9,932
  - 2,336

9) 7,644
  - 3,937

10) 1,367
  - 1,295

1) $\begin{array}{r} 5,279 \\ -2,516 \\ \hline \end{array}$

2) $\begin{array}{r} 2,634 \\ -2,577 \\ \hline \end{array}$

3) $\begin{array}{r} 6,751 \\ -2,784 \\ \hline \end{array}$

4) $\begin{array}{r} 3,933 \\ -2,945 \\ \hline \end{array}$

5) $\begin{array}{r} 4,326 \\ -1,063 \\ \hline \end{array}$

6) $\begin{array}{r} 4,341 \\ -2,271 \\ \hline \end{array}$

7) $\begin{array}{r} 4,792 \\ -2,260 \\ \hline \end{array}$

8) $\begin{array}{r} 4,590 \\ -2,194 \\ \hline \end{array}$

9) $\begin{array}{r} 1,962 \\ -1,670 \\ \hline \end{array}$

10) $\begin{array}{r} 7,337 \\ -1,655 \\ \hline \end{array}$

29

1) 8,625
  - 8,421
  _____

2) 2,143
  - 1,653
  _____

3) 3,627
  - 2,097
  _____

4) 4,718
  - 3,942
  _____

5) 1,351
  - 1,345
  _____

6) 1,122
  - 1,059
  _____

7) 5,998
  - 4,985
  _____

8) 6,719
  - 3,156
  _____

9) 9,993
  - 7,318
  _____

10) 3,922
  - 3,539
  _____

1)   1,492
  - 1,065

2)   9,272
  - 2,052

3)   5,332
  - 1,212

4)   2,593
  - 2,550

5)   3,174
  - 1,571

6)   6,861
  - 5,533

7)   9,276
  - 6,863

8)   5,445
  - 1,527

9)   3,509
  - 1,420

10)   6,753
  - 4,718

1)   3,481
     - 1,091

2)   2,738
     - 1,355

3)   9,117
     - 6,234

4)   5,072
     - 4,386

5)   1,005
     - 1,004

6)   8,320
     - 8,224

7)   4,208
     - 2,419

8)   3,794
     - 1,264

9)   4,824
     - 1,860

10)   9,589
      - 9,479

1)   4,681
   - 1,609

2)   6,494
   - 4,809

3)   8,488
   - 6,623

4)   6,590
   - 2,337

5)   8,397
   - 3,387

6)   1,907
   - 1,805

7)   2,820
   - 2,248

8)   5,493
   - 1,203

9)   6,265
   - 1,466

10)   1,478
   - 1,053

1)   3,018
   - 2,697

2)   4,555
   - 2,900

3)   4,856
   - 2,125

4)   3,593
   - 2,884

5)   5,290
   - 4,595

6)   8,189
   - 3,229

7)   8,243
   - 4,907

8)   3,561
   - 1,098

9)   8,460
   - 4,691

10)   9,187
   - 1,997

34

1) 4,398
  - 3,408

2) 5,211
  - 1,527

3) 1,835
  - 1,499

4) 2,992
  - 2,125

5) 8,857
  - 3,752

6) 4,155
  - 3,799

7) 6,873
  - 4,695

8) 1,458
  - 1,071

9) 8,049
  - 5,137

10) 4,419
  - 2,259

1) 1,716
  − 1,279

2) 6,985
  − 2,496

3) 9,046
  − 1,016

4) 7,595
  − 5,302

5) 4,357
  − 3,839

6) 2,215
  − 1,976

7) 7,047
  − 3,056

8) 3,115
  − 1,863

9) 8,977
  − 8,150

10) 3,994
  − 3,443

1)   5,117
   - 4,783

2)   3,712
   - 3,074

3)   1,574
   - 1,096

4)   4,179
   - 4,111

5)   7,735
   - 6,474

6)   2,814
   - 1,110

7)   8,424
   - 1,798

8)   2,041
   - 1,443

9)   4,055
   - 3,281

10)   2,018
   - 1,054

Trova le cifre mancanti.

Ex.

```
   7218            5_5_            9_9_            7_64
 - 4130          - 4790          - 9784          - _72_
 ─────           ─────           ─────           ─────
   3088            569             112            62_4
```

```
    _7_7           9_04            7527            8343
  - 4_8_         - _9_1          - 27_2          - 43_2
  ─────          ─────           ─────           ─────
    4897           495_            4_2_            3_8_
```

```
   9_56           25_3            _7_2            7584
 - 52_5         - _169          - 753_          - 1_2_
 ─────          ─────           ─────           ─────
   414_            344            2_25            62_6
```

```
   39_7          7_95          7_71          8379
-  _891        - _8_1        - _08_        - 4_6_
   46            190_          24_5          _9_8


   _19_          _69_          7_88          95_8
-  1_58        - 1_80        - _5_3        - 1_0_
   60_3          28_1          311_          8094


   8542          8_09          _46_          99_5
-  4_4_        - 340_        - 4_12        - 609_
   _3_1          47_6          38_7          3_40
```

```
    4468              68            84_5            71_
  - 21_7          - 4_38         - 3_63         - 2_74
  ──────          ──────         ──────         ──────
    2_4_            45_3           488_           15_6
```

```
     53              95            8_3_            4_4_
  - 18_8          - 22_6         - 23_8         - 32_5
  ──────          ──────         ──────         ──────
    3_04            4_15           6331           1130
```

```
    79_0            996           63_9            7414
  - 4_7_          - 64_1         - 3_2_         - 33_8
  ──────          ──────         ──────         ──────
    3077            3_5_           2641           4_0_
```

```
    5_7          7_4_         5_48          _40_
-  515_       -  40_5      -  _7_5       -  16_7
   3_37          3866          813          4_66


   _96_         9_3_          5_5_          _062
-  14_2       -  12_0      -  1527       -  39_0
   7_94          8571         38_6          4_0_


   _134         _1_5          8_72          94_1
-  49_0       -  418_      -  _2_7       -  3_39
   1_1_          2_38          135          563_
```

```
   96_6          6_5_          _690          5_6_
-  _142       -  60_4      -  65_9       -  _4_3
   8_3_           951          2_3_          2270
```

```
   3_4_          _27_          91_9          70_2
-  2709       -  68_5      -  8_4_       -  2001
   _1_6           407          425           5_6_
```

```
   8_59          _5_2          4_7_          42_9
-  69_5       -  7_7_      -  28_8       -  2_2_
   151_           302          1429          1929
```

```
   _23_          737_          _41_          6_33
-  3_59        - 42_8       - 40_6        - _90_
  51_0          3_80          4_81          529
```

```
  61_1          8_9_          _52_          9_38
- 237_        - 3191       - 2_84        - _3_2
  3_34          52_8          26_6          205_
```

```
  61_8          8_77          373_          89_3
- 2_52        - _33_       - 2_42        - 8732
  350_          39_7          893           241
```

```
   9972          _9_5          9_2_          9231
-  4_0_        -  7_8_       -  _3_0       -  52_9
   55_4          1452          335           3_6_
```

```
   4_77          33_3          2261          5_03
-  161_        -  2131       -  12_3       -  _4_2
   32_8          1_3_          998           91
```

```
   60_6          70_8          _36_          _78_
-  3_17        -  107_       -  17_7       -  36_3
   228_          5_82          1_64          110
```

```
   36_9        58_7        85_0        4_62
 - 3_12      - _571      - 1_26      - _9_1
   317         3_7_        _36_        181_

   6_04        879_        50_4        _181
 - 152_      - 7_47      - 2_64      - 59_4
   45_4        17_2        _24_        1_2_

   4266        72_7        73_9        _88_
 - 39_4      - 422_      - 2134      - 20_6
   342         3_48        5_0_        7_80
```

```
    _0_1          9_73          5_50          9_61
-  378_        -  _2_6       -  26_8       -  _93_
   5_75           836_          293_          72_1
```

```
   810_           _67_          9_4_          52_7
-  78_7        -  29_2       -  4598       -  5_11
   223            4_69          47_6          226
```

```
   44_5           9870          _8_6          1_4_
-  _072        -  54_6       -  1_2_       -  _4_1
   353            4_4_          5805           25
```

```
   5_62          8_8_          91_7          97_9
- _4_6        - _1_7        - 7_1_        - 3859
  265_          5222          1234          5_5_
```

```
   8_0_         77_6           7_6_         9089
- _8_3        - 625_        - _1_9       - 40_2
  3223          1_30          1558          5_1_
```

```
  _3_4          6_01          24_9          _01_
- 183_        - 107_        - 2_87       - 59_1
  4_66          53_0           32            53
```

```
   7_77          8617          572_           8_5_
-  _0_9       -  2_5_       -  46_4        -  2455
   512_          60_3          1_85           62_7


   _45_          3_6_          8_75           9_4_
-  10_2       -  1221       -  144_        -  2710
   2_14          23_7          70_4           67_2


   7_65          4_95           _34_          9837
-  _63_       -  _16_       -  48_8        -  7_3_
   63_1          10_1           448           24_8
```

```
  62_7           _88_          6576          _3_9
-  572_        -  18_7        -  5_0_       -  6_5_
   524            4_83          14_9          1457


  68_9           3276          _626          9_92
-  645_        -  28_1        -  27_0       -  884_
   358            395           6_2_          10_7


  9_72           81_8          8_3_          70_1
-  _5_0        -  789_        -  22_3       -  3_9_
   170_           297           6182          3819
```

Sottrazione delle frazioni.

Ex.

1) $8\frac{6}{11} - 3\frac{5}{22} =$ $8\frac{12}{22} - 3\frac{5}{22} =$ $5\frac{7}{22}$

2) $7\frac{16}{23} - 3\frac{9}{46} =$

3) $7\frac{9}{22} - 1\frac{1}{11} =$

4) $7\frac{10}{58} - 4\frac{1}{29} =$

5) $9\frac{7}{29} - 1\frac{12}{58} =$

6) $5\frac{6}{11} - 3\frac{7}{55} =$

7) $6\frac{8}{9} - 3\frac{3}{5} =$

8) $8\frac{10}{16} - 2\frac{1}{8} =$

9) $7\frac{2}{10} - 4\frac{1}{5} =$

10) $5\frac{3}{6} - 3\frac{1}{3} =$

1) $6\frac{3}{4} - 2\frac{3}{5} =$

2) $5\frac{2}{4} - 1\frac{13}{52} =$

3) $5\frac{1}{7} - 3\frac{4}{28} =$

4) $8\frac{3}{4} - 1\frac{11}{28} =$

5) $7\frac{15}{58} - 3\frac{7}{29} =$

6) $9\frac{3}{4} - 4\frac{4}{13} =$

7) $7\frac{3}{6} - 3\frac{1}{3} =$

8) $7\frac{13}{58} - 1\frac{4}{29} =$

9) $5\frac{2}{7} - 1\frac{1}{4} =$

10) $8\frac{6}{13} - 3\frac{4}{26} =$

1) $9\frac{7}{11} - 2\frac{3}{22} =$

2) $9\frac{11}{29} - 2\frac{16}{58} =$

3) $7\frac{13}{18} - 3\frac{3}{12} =$

4) $8\frac{1}{3} - 4\frac{15}{48} =$

5) $6\frac{5}{7} - 3\frac{10}{21} =$

6) $7\frac{8}{12} - 3\frac{1}{3} =$

7) $6\frac{10}{29} - 2\frac{11}{58} =$

8) $7\frac{2}{6} - 4\frac{3}{12} =$

9) $5\frac{8}{9} - 1\frac{15}{27} =$

10) $7\frac{2}{4} - 4\frac{3}{13} =$

1) $6\frac{12}{18} - 2\frac{1}{3} =$

2) $6\frac{3}{4} - 4\frac{15}{52} =$

3) $5\frac{12}{13} - 2\frac{15}{26} =$

4) $8\frac{4}{6} - 3\frac{13}{42} =$

5) $8\frac{2}{11} - 2\frac{1}{22} =$

6) $5\frac{5}{8} - 3\frac{2}{4} =$

7) $9\frac{13}{29} - 4\frac{14}{58} =$

8) $9\frac{14}{18} - 2\frac{3}{6} =$

9) $7\frac{11}{18} - 2\frac{3}{9} =$

10) $9\frac{5}{8} - 2\frac{2}{4} =$

53

1) $6\frac{9}{11} - 2\frac{4}{22} =$

2) $5\frac{12}{13} - 3\frac{15}{26} =$

3) $9\frac{2}{9} - 2\frac{1}{6} =$

4) $7\frac{6}{8} - 3\frac{2}{32} =$

5) $9\frac{12}{45} - 2\frac{2}{15} =$

6) $9\frac{8}{10} - 1\frac{5}{50} =$

7) $8\frac{10}{13} - 4\frac{10}{26} =$

8) $6\frac{1}{4} - 2\frac{4}{32} =$

9) $9\frac{3}{5} - 2\frac{3}{9} =$

10) $7\frac{10}{18} - 2\frac{1}{6} =$

1) $9\frac{4}{11} - 4\frac{12}{55} =$

2) $7\frac{4}{5} - 3\frac{8}{10} =$

3) $9\frac{6}{7} - 4\frac{13}{21} =$

4) $8\frac{9}{22} - 2\frac{3}{11} =$

5) $6\frac{11}{29} - 1\frac{16}{58} =$

6) $7\frac{6}{8} - 3\frac{14}{32} =$

7) $8\frac{8}{11} - 1\frac{13}{22} =$

8) $9\frac{7}{11} - 2\frac{13}{22} =$

9) $9\frac{8}{9} - 4\frac{8}{45} =$

10) $8\frac{3}{6} - 3\frac{5}{14} =$

1) $9\frac{10}{52} - 3\frac{1}{26} =$

2) $5\frac{5}{9} - 1\frac{12}{27} =$

3) $8\frac{6}{9} - 1\frac{3}{5} =$

4) $6\frac{3}{4} - 1\frac{2}{3} =$

5) $8\frac{7}{13} - 4\frac{3}{26} =$

6) $8\frac{8}{9} - 2\frac{10}{45} =$

7) $9\frac{2}{4} - 2\frac{2}{52} =$

8) $9\frac{12}{30} - 1\frac{7}{60} =$

9) $9\frac{1}{5} - 3\frac{2}{50} =$

10) $9\frac{2}{13} - 1\frac{3}{26} =$

1) $9\frac{16}{29} - 4\frac{13}{58} =$

2) $9\frac{5}{14} - 3\frac{1}{6} =$

3) $7\frac{2}{3} - 3\frac{3}{18} =$

4) $7\frac{3}{7} - 3\frac{5}{21} =$

5) $7\frac{4}{5} - 3\frac{1}{4} =$

6) $7\frac{6}{48} - 3\frac{3}{24} =$

7) $9\frac{2}{6} - 3\frac{10}{42} =$

8) $7\frac{15}{21} - 1\frac{2}{7} =$

9) $8\frac{12}{46} - 1\frac{5}{23} =$

10) $9\frac{7}{45} - 4\frac{1}{15} =$

1) $9\frac{4}{11} - 1\frac{2}{22} =$

2) $8\frac{5}{26} - 1\frac{1}{13} =$

3) $6\frac{3}{10} - 1\frac{5}{40} =$

4) $9\frac{2}{3} - 3\frac{2}{4} =$

5) $5\frac{5}{6} - 2\frac{1}{12} =$

6) $7\frac{14}{27} - 3\frac{1}{9} =$

7) $8\frac{1}{4} - 1\frac{1}{8} =$

8) $6\frac{2}{4} - 4\frac{1}{6} =$

9) $8\frac{4}{5} - 3\frac{4}{10} =$

10) $6\frac{11}{45} - 4\frac{1}{9} =$

1) $5\frac{9}{24} - 3\frac{4}{12} =$

2) $5\frac{14}{23} - 1\frac{5}{46} =$

3) $5\frac{11}{29} - 4\frac{12}{58} =$

4) $8\frac{14}{16} - 2\frac{1}{8} =$

5) $7\frac{14}{58} - 1\frac{1}{29} =$

6) $5\frac{2}{6} - 3\frac{2}{10} =$

7) $8\frac{7}{11} - 1\frac{5}{22} =$

8) $6\frac{2}{3} - 2\frac{15}{48} =$

9) $9\frac{7}{11} - 3\frac{13}{55} =$

10) $7\frac{1}{4} - 3\frac{7}{28} =$

1) $7\frac{1}{3} - 4\frac{2}{42} =$

2) $5\frac{8}{16} - 3\frac{10}{32} =$

3) $7\frac{5}{15} - 1\frac{7}{45} =$

4) $6\frac{9}{26} - 4\frac{5}{52} =$

5) $5\frac{8}{9} - 4\frac{10}{15} =$

6) $5\frac{14}{16} - 2\frac{10}{48} =$

7) $6\frac{8}{20} - 1\frac{5}{40} =$

8) $8\frac{3}{5} - 2\frac{10}{20} =$

9) $9\frac{13}{16} - 4\frac{5}{12} =$

10) $6\frac{5}{52} - 4\frac{1}{13} =$

1) $9\frac{3}{5} - 2\frac{6}{20} =$

2) $7\frac{15}{20} - 3\frac{2}{4} =$

3) $9\frac{3}{7} - 2\frac{3}{28} =$

4) $8\frac{4}{5} - 4\frac{2}{3} =$

5) $7\frac{7}{10} - 1\frac{1}{4} =$

6) $7\frac{12}{32} - 4\frac{4}{16} =$

7) $8\frac{2}{3} - 3\frac{10}{24} =$

8) $5\frac{9}{27} - 3\frac{2}{6} =$

9) $8\frac{4}{6} - 4\frac{2}{5} =$

10) $9\frac{10}{21} - 2\frac{1}{7} =$

TASTO DI RISPOSTA

9−2=7

11−5=6

5−1=4

14−3=11

1

1) __ - 42 = 56   Answer = 98   2) 58 - __ = 3   Answer = 55

3) __ - 48 = 24   Answer = 72   4) __ - 37 = 62   Answer = 99

5) __ - 56 = 24   Answer = 80   6) 91 - __ = 16   Answer = 75

7) 89 - __ = 30   Answer = 59   8) __ - 50 = 45   Answer = 95

9) __ - 37 = 20   Answer = 57   10) __ - 49 = 30   Answer = 79

11) 81 - __ = 27   Answer = 54   12) 79 - __ = 4   Answer = 75

2

1) __ - 80 = 12   Answer = 92   2) __ - 63 = 33   Answer = 96

3) 90 - __ = 55   Answer = 35   4) __ - 58 = 2   Answer = 60

5) 91 - __ = 11   Answer = 80   6) 45 - __ = 5   Answer = 40

7) __ - 58 = 7   Answer = 65   8) 97 - __ = 11   Answer = 86

9) __ - 85 = 12   Answer = 97   10) 51 - __ = 17   Answer = 34

11) 89 - __ = 10   Answer = 79   12) __ - 56 = 14   Answer = 70

3

1) 66 - __ = 8   Answer = 58   2) __ - 64 = 17   Answer = 81

3) __ - 60 = 26   Answer = 86   4) 79 - __ = 31   Answer = 48

5) 85 - __ = 46   Answer = 39   6) __ - 51 = 24   Answer = 75

7) __ - 48 = 9   Answer = 57   8) 46 - __ = 1   Answer = 45

9) 93 - __ = 38   Answer = 55   10) __ - 38 = 12   Answer = 50

11) __ - 46 = 39   Answer = 85   12) 59 - __ = 3   Answer = 56

4

1) 99 - __ = 19   Answer = 80   2) 68 - __ = 19   Answer = 49

3) __ - 35 = 48   Answer = 83   4) __ - 36 = 36   Answer = 72

5) __ - 30 = 58   Answer = 88   6) __ - 51 = 2   Answer = 53

7) 74 - __ = 8   Answer = 66   8) __ - 49 = 15   Answer = 64

9) 59 - __ = 28   Answer = 31   10) __ - 58 = 21   Answer = 79

11) 94 - __ = 24   Answer = 70   12) __ - 66 = 7   Answer = 73

5

1) __ - 47 = 51   Answer = 98   2) __ - 41 = 20   Answer = 61

3) 96 - __ = 17   Answer = 79   4) __ - 84 = 7   Answer = 91

5) __ - 38 = 1   Answer = 39   6) __ - 42 = 24   Answer = 66

7) 82 - __ = 26   Answer = 56   8) 77 - __ = 28   Answer = 49

9) 60 - __ = 22   Answer = 38   10) __ - 38 = 58   Answer = 96

11) 99 - __ = 25   Answer = 74   12) 64 - __ = 14   Answer = 50

6

1) 90 - __ = 26   Answer = 64   2) __ - 84 = 11   Answer = 95

3) 51 - __ = 16   Answer = 35   4) 90 - __ = 40   Answer = 50

5) __ - 62 = 21   Answer = 83   6) 92 - __ = 31   Answer = 61

7) 47 - __ = 15   Answer = 32   8) 94 - __ = 21   Answer = 73

9) __ - 49 = 50   Answer = 99   10) 97 - __ = 58   Answer = 39

11) __ - 38 = 40   Answer = 78   12) __ - 51 = 5   Answer = 56

7

1) 48 - __ = 2   Answer = 46   2) 99 - __ = 11   Answer = 88

3) __ - 50 = 22   Answer = 72   4) 71 - __ = 5   Answer = 66

5) __ - 40 = 40   Answer = 80   6) 73 - __ = 25   Answer = 48

7) 73 - __ = 2   Answer = 71   8) __ - 46 = 38   Answer = 84

9) 63 - __ = 26   Answer = 37   10) __ - 40 = 59   Answer = 99

11) 92 - __ = 27   Answer = 65   12) 61 - __ = 14   Answer = 47

8

1) __ - 55 = 7   Answer = 62   2) __ - 91 = 1   Answer = 92

3) 89 - __ = 57   Answer = 32   4) __ - 50 = 41   Answer = 91

5) 87 - __ = 17   Answer = 70   6) __ - 64 = 9   Answer = 73

7) 89 - __ = 34   Answer = 55   8) 84 - __ = 23   Answer = 61

9) 62 - __ = 23   Answer = 39   10) __ - 42 = 10   Answer = 52

11) 62 - __ = 31   Answer = 31   12) 59 - __ = 11   Answer = 48

9

1) __ - 63 = 23   Answer = 86   2) 96 - __ = 58   Answer = 38

3) 94 - __ = 27   Answer = 67   4) __ - 57 = 3   Answer = 60

5) __ - 80 = 7   Answer = 87   6) __ - 51 = 16   Answer = 67

7) 96 - __ = 51   Answer = 45   8) 82 - __ = 9   Answer = 73

9) 84 - __ = 34   Answer = 50   10) __ - 55 = 4   Answer = 59

11) 77 - __ = 29   Answer = 48   12) 49 - __ = 3   Answer = 46

10

1) 81 - __ = 5   Answer = 76   2) __ - 34 = 25   Answer = 59

3) 76 - __ = 16   Answer = 60   4) __ - 35 = 38   Answer = 73

5) __ - 34 = 65   Answer = 99   6) 79 - __ = 38   Answer = 41

7) 79 - __ = 34   Answer = 45   8) __ - 53 = 26   Answer = 79

9) 86 - __ = 1   Answer = 85   10) 75 - __ = 35   Answer = 40

11) 78 - __ = 23   Answer = 55   12) __ - 72 = 15   Answer = 87

11

1) 98 - __ = 30   Answer = 68   2) 55 - __ = 25   Answer = 30

3) 99 - __ = 8   Answer = 91   4) 58 - __ = 4   Answer = 54

5) 93 - __ = 16   Answer = 77   6) __ - 56 = 13   Answer = 69

7) __ - 31 = 39   Answer = 70   8) __ - 48 = 20   Answer = 68

9) __ - 53 = 33   Answer = 86   10) 87 - __ = 30   Answer = 57

11) __ - 51 = 15   Answer = 66   12) 53 - __ = 5   Answer = 48

12

1) __ - 45 = 51   Answer = 96   2) 79 - __ = 12   Answer = 67

3) __ - 35 = 15   Answer = 50   4) 73 - __ = 18   Answer = 55

5) __ - 47 = 50   Answer = 97   6) __ - 44 = 31   Answer = 75

7) __ - 30 = 21   Answer = 51   8) __ - 77 = 6   Answer = 83

9) 93 - __ = 12   Answer = 81   10) __ - 53 = 33   Answer = 86

11) 81 - __ = 14   Answer = 67   12) 72 - __ = 20   Answer = 52

13

1) _____ + 9 = 11
$11 - 9 =$ _____

2) _____ + 1 = 5
$5 - 1 =$ _____

3) _____ + 2 = 20
$20 - 2 =$ _____

4) _____ + 12 = 17
$17 - 12 =$ _____

5) _____ + 1 = 20
$20 - 1 =$ _____

6) _____ + 4 = 6
$6 - 4 =$ _____

7) _____ + 5 = 14
$14 - 5 =$ _____

8) _____ + 17 = 19
$19 - 17 =$ _____

9) _____ + 1 = 19
$19 - 1 =$ _____

10) _____ + 16 = 18
$18 - 16 =$ _____

1. 2
2. 4
3. 18
4. 5
5. 19
6. 2
7. 9
8. 2
9. 18
10. 2

14

1) _____ + 13 = 18
$18 - 13 =$ _____

2) _____ + 1 = 15
$15 - 1 =$ _____

3) _____ + 4 = 19
$19 - 4 =$ _____

4) _____ + 2 = 20
$20 - 2 =$ _____

5) _____ + 5 = 12
$12 - 5 =$ _____

6) _____ + 10 = 17
$17 - 10 =$ _____

7) _____ + 14 = 17
$17 - 14 =$ _____

8) _____ + 2 = 13
$13 - 2 =$ _____

9) _____ + 3 = 12
$12 - 3 =$ _____

10) _____ + 14 = 18
$18 - 14 =$ _____

1. 5
2. 14
3. 15
4. 18
5. 7
6. 7
7. 3
8. 11
9. 9
10. 4

15

1) _____ + 5 = 18
$18 - 5 =$ _____

2) _____ + 3 = 19
$19 - 3 =$ _____

3) _____ + 5 = 17
$17 - 5 =$ _____

4) _____ + 10 = 13
$13 - 10 =$ _____

5) _____ + 2 = 20
$20 - 2 =$ _____

6) _____ + 14 = 17
$17 - 14 =$ _____

7) _____ + 8 = 16
$16 - 8 =$ _____

8) _____ + 2 = 17
$17 - 2 =$ _____

9) _____ + 6 = 19
$19 - 6 =$ _____

10) _____ + 7 = 20
$20 - 7 =$ _____

1. 13
2. 16
3. 12
4. 3
5. 18
6. 3
7. 8
8. 15
9. 13
10. 13

16

1) _____ + 1 = 18
$18 - 1 =$ _____

2) _____ + 7 = 9
$9 - 7 =$ _____

3) _____ + 14 = 18
$18 - 14 =$ _____

4) _____ + 1 = 7
$7 - 1 =$ _____

5) _____ + 1 = 12
$12 - 1 =$ _____

6) _____ + 2 = 16
$16 - 2 =$ _____

7) _____ + 15 = 19
$19 - 15 =$ _____

8) _____ + 11 = 16
$16 - 11 =$ _____

9) _____ + 3 = 18
$18 - 3 =$ _____

10) _____ + 4 = 14
$14 - 4 =$ _____

1. 17
2. 2
3. 4
4. 6
5. 11
6. 14
7. 4
8. 5
9. 15
10. 10

17

1) _____ + 1 = 9
  9 - 1 = _____

2) _____ + 10 = 12
  12 - 10 = _____

3) _____ + 1 = 17
  17 - 1 = _____

4) _____ + 3 = 18
  18 - 3 = _____

5) _____ + 3 = 13
  13 - 3 = _____

6) _____ + 2 = 17
  17 - 2 = _____

7) _____ + 3 = 9
  9 - 3 = _____

8) _____ + 4 = 11
  11 - 4 = _____

9) _____ + 13 = 17
  17 - 13 = _____

10) _____ + 2 = 9
  9 - 2 = _____

1.	8
2.	2
3.	16
4.	15
5.	10
6.	15
7.	6
8.	7
9.	4
10.	7

18

1) _____ + 6 = 20
  20 - 6 = _____

2) _____ + 2 = 11
  11 - 2 = _____

3) _____ + 2 = 17
  17 - 2 = _____

4) _____ + 1 = 18
  18 - 1 = _____

5) _____ + 2 = 5
  5 - 2 = _____

6) _____ + 1 = 20
  20 - 1 = _____

7) _____ + 6 = 16
  16 - 6 = _____

8) _____ + 7 = 17
  17 - 7 = _____

9) _____ + 3 = 18
  18 - 3 = _____

10) _____ + 8 = 20
  20 - 8 = _____

1.	14
2.	9
3.	15
4.	17
5.	3
6.	19
7.	10
8.	10
9.	15
10.	12

19

1) _____ + 1 = 20
  20 - 1 = _____

2) _____ + 3 = 6
  6 - 3 = _____

3) _____ + 1 = 19
  19 - 1 = _____

4) _____ + 4 = 7
  7 - 4 = _____

5) _____ + 3 = 18
  18 - 3 = _____

6) _____ + 6 = 11
  11 - 6 = _____

7) _____ + 6 = 12
  12 - 6 = _____

8) _____ + 11 = 19
  19 - 11 = _____

9) _____ + 16 = 18
  18 - 16 = _____

10) _____ + 5 = 10
  10 - 5 = _____

1.	19
2.	3
3.	18
4.	3
5.	15
6.	5
7.	6
8.	8
9.	2
10.	5

20

1) _____ + 4 = 16
  16 - 4 = _____

2) _____ + 5 = 8
  8 - 5 = _____

3) _____ + 5 = 11
  11 - 5 = _____

4) _____ + 1 = 20
  20 - 1 = _____

5) _____ + 2 = 15
  15 - 2 = _____

6) _____ + 12 = 20
  20 - 12 = _____

7) _____ + 10 = 18
  18 - 10 = _____

8) _____ + 3 = 19
  19 - 3 = _____

9) _____ + 2 = 5
  5 - 2 = _____

10) _____ + 2 = 17
  17 - 2 = _____

1.	12
2.	3
3.	6
4.	19
5.	13
6.	8
7.	8
8.	16
9.	3
10.	15

21

1) _____ + 6 = 20
    20 - 6 = _____

2) _____ + 1 = 20
    20 - 1 = _____

3) _____ + 9 = 19
    19 - 9 = _____

4) _____ + 8 = 18
    18 - 8 = _____

5) _____ + 2 = 20
    20 - 2 = _____

6) _____ + 1 = 19
    19 - 1 = _____

7) _____ + 3 = 15
    15 - 3 = _____

8) _____ + 15 = 17
    17 - 15 = _____

9) _____ + 1 = 5
    5 - 1 = _____

10) _____ + 2 = 12
    12 - 2 = _____

1. _____ 14
2. _____ 19
3. _____ 10
4. _____ 10
5. _____ 18
6. _____ 18
7. _____ 12
8. _____ 2
9. _____ 4
10. _____ 10

22

1) _____ + 1 = 20
    20 - 1 = _____

2) _____ + 7 = 12
    12 - 7 = _____

3) _____ + 4 = 19
    19 - 4 = _____

4) _____ + 6 = 19
    19 - 6 = _____

5) _____ + 2 = 17
    17 - 2 = _____

6) _____ + 12 = 19
    19 - 12 = _____

7) _____ + 17 = 19
    19 - 17 = _____

8) _____ + 1 = 9
    9 - 1 = _____

9) _____ + 4 = 6
    6 - 4 = _____

10) _____ + 3 = 6
    6 - 3 = _____

1. _____ 19
2. _____ 5
3. _____ 15
4. _____ 13
5. _____ 15
6. _____ 7
7. _____ 2
8. _____ 8
9. _____ 2
10. _____ 3

23

1) _____ + 3 = 20
    20 - 3 = _____

2) _____ + 10 = 19
    19 - 10 = _____

3) _____ + 1 = 11
    11 - 1 = _____

4) _____ + 3 = 13
    13 - 3 = _____

5) _____ + 6 = 8
    8 - 6 = _____

6) _____ + 7 = 12
    12 - 7 = _____

7) _____ + 2 = 17
    17 - 2 = _____

8) _____ + 1 = 19
    19 - 1 = _____

9) _____ + 2 = 20
    20 - 2 = _____

10) _____ + 1 = 20
    20 - 1 = _____

1. _____ 17
2. _____ 9
3. _____ 10
4. _____ 10
5. _____ 2
6. _____ 5
7. _____ 15
8. _____ 18
9. _____ 18
10. _____ 19

24

1) _____ + 6 = 19
    19 - 6 = _____

2) _____ + 1 = 14
    14 - 1 = _____

3) _____ + 4 = 16
    16 - 4 = _____

4) _____ + 3 = 15
    15 - 3 = _____

5) _____ + 1 = 19
    19 - 1 = _____

6) _____ + 1 = 20
    20 - 1 = _____

7) _____ + 9 = 20
    20 - 9 = _____

8) _____ + 4 = 10
    10 - 4 = _____

9) _____ + 6 = 16
    16 - 6 = _____

10) _____ + 3 = 18
    18 - 3 = _____

1. _____ 13
2. _____ 13
3. _____ 12
4. _____ 12
5. _____ 18
6. _____ 19
7. _____ 11
8. _____ 6
9. _____ 10
10. _____ 15

25

1) 7,435 − 3,021 = 4,414
2) 5,277 − 3,736 = 1,541
3) 2,537 − 1,949 = 588
4) 1,647 − 1,030 = 617

5) 7,207 − 4,198 = 3,009
6) 6,115 − 5,526 = 589
7) 9,700 − 2,919 = 6,781
8) 6,141 − 3,505 = 2,636

9) 2,195 − 1,271 = 924
10) 6,334 − 4,254 = 2,080

1. 4,414
2. 1,541
3. 588
4. 617
5. 3,009
6. 589
7. 6,781
8. 2,636
9. 924
10. 2,080

26

1) 8,150 − 1,474 = 6,676
2) 3,806 − 2,715 = 1,091
3) 3,916 − 3,602 = 314
4) 5,393 − 3,018 = 2,375

5) 3,707 − 1,930 = 1,777
6) 7,422 − 2,430 = 4,992
7) 2,636 − 1,337 = 1,299
8) 6,677 − 2,808 = 3,869

9) 4,825 − 3,562 = 1,263
10) 7,714 − 3,306 = 4,408

1. 6,676
2. 1,091
3. 314
4. 2,375
5. 1,777
6. 4,992
7. 1,299
8. 3,869
9. 1,263
10. 4,408

27

1) 1,585 − 1,276 = 309
2) 6,298 − 5,900 = 398
3) 1,210 − 1,183 = 27
4) 1,417 − 1,110 = 307

5) 3,212 − 2,537 = 675
6) 4,969 − 2,024 = 2,945
7) 5,455 − 3,980 = 1,475
8) 9,932 − 2,336 = 7,596

9) 7,644 − 3,937 = 3,707
10) 1,367 − 1,295 = 72

1. 309
2. 398
3. 27
4. 307
5. 675
6. 2,945
7. 1,475
8. 7,596
9. 3,707
10. 72

28

1) 5,279 − 2,516 = 2,763
2) 2,634 − 2,577 = 57
3) 6,751 − 2,784 = 3,967
4) 3,933 − 2,945 = 988

5) 4,326 − 1,063 = 3,263
6) 4,341 − 2,271 = 2,070
7) 4,792 − 2,260 = 2,532
8) 4,590 − 2,194 = 2,396

9) 1,962 − 1,670 = 292
10) 7,337 − 1,655 = 5,682

1. 2,763
2. 57
3. 3,967
4. 988
5. 3,263
6. 2,070
7. 2,532
8. 2,396
9. 292
10. 5,682

29

1) 8,625 − 8,421 = 204

2) 2,143 − 1,653 = 490

3) 3,627 − 2,097 = 1,530

4) 4,718 − 3,942 = 776

5) 1,351 − 1,345 = 6

6) 1,122 − 1,059 = 63

7) 5,998 − 4,985 = 1,013

8) 6,719 − 3,156 = 3,563

9) 9,993 − 7,318 = 2,675

10) 3,922 − 3,539 = 383

1. 204
2. 490
3. 1,530
4. 776
5. 6
6. 63
7. 1,013
8. 3,563
9. 2,675
10. 383

30

1) 1,492 − 1,065 = 427

2) 9,272 − 2,052 = 7,220

3) 5,332 − 1,212 = 4,120

4) 2,593 − 2,550 = 43

5) 3,174 − 1,571 = 1,603

6) 6,861 − 5,533 = 1,328

7) 9,276 − 6,863 = 2,413

8) 5,445 − 1,527 = 3,918

9) 3,509 − 1,420 = 2,089

10) 6,753 − 4,718 = 2,035

1. 427
2. 7,220
3. 4,120
4. 43
5. 1,603
6. 1,328
7. 2,413
8. 3,918
9. 2,089
10. 2,035

31

1) 3,481 − 1,091 = 2,390

2) 2,738 − 1,355 = 1,383

3) 9,117 − 6,234 = 2,883

4) 5,072 − 4,386 = 686

5) 1,005 − 1,004 = 1

6) 8,320 − 8,224 = 96

7) 4,208 − 2,419 = 1,789

8) 3,794 − 1,264 = 2,530

9) 4,824 − 1,860 = 2,964

10) 9,589 − 9,479 = 110

1. 2,390
2. 1,383
3. 2,883
4. 686
5. 1
6. 96
7. 1,789
8. 2,530
9. 2,964
10. 110

32

1) 4,681 − 1,609 = 3,072

2) 6,494 − 4,809 = 1,685

3) 8,488 − 6,623 = 1,865

4) 6,590 − 2,337 = 4,253

5) 8,397 − 3,387 = 5,010

6) 1,907 − 1,805 = 102

7) 2,820 − 2,248 = 572

8) 5,493 − 1,203 = 4,290

9) 6,265 − 1,466 = 4,799

10) 1,478 − 1,053 = 425

1. 3,072
2. 1,685
3. 1,865
4. 4,253
5. 5,010
6. 102
7. 572
8. 4,290
9. 4,799
10. 425

33

1) 3,018
− 2,697
321

2) 4,555
− 2,900
1,655

3) 4,856
− 2,125
2,731

4) 3,593
− 2,884
709

5) 5,290
− 4,595
695

6) 8,189
− 3,229
4,960

7) 8,243
− 4,907
3,336

8) 3,561
− 1,098
2,463

9) 8,460
− 4,691
3,769

10) 9,187
− 1,997
7,190

1. 321
2. 1,655
3. 2,731
4. 709
5. 695
6. 4,960
7. 3,336
8. 2,463
9. 3,769
10. 7,190

34

1) 4,398
− 3,408
990

2) 5,211
− 1,527
3,684

3) 1,835
− 1,499
336

4) 2,992
− 2,125
867

5) 8,857
− 3,752
5,105

6) 4,155
− 3,799
356

7) 6,873
− 4,695
2,178

8) 1,458
− 1,071
387

9) 8,049
− 5,137
2,912

10) 4,419
− 2,259
2,160

1. 990
2. 3,684
3. 336
4. 867
5. 5,105
6. 356
7. 2,178
8. 387
9. 2,912
10. 2,160

35

1) 1,716
− 1,279
437

2) 6,985
− 2,496
4,489

3) 9,046
− 1,016
8,030

4) 7,595
− 5,302
2,293

5) 4,357
− 3,839
518

6) 2,215
− 1,976
239

7) 7,047
− 3,056
3,991

8) 3,115
− 1,863
1,252

9) 8,977
− 8,150
827

10) 3,994
− 3,443
551

1. 437
2. 4,489
3. 8,030
4. 2,293
5. 518
6. 239
7. 3,991
8. 1,252
9. 827
10. 551

36

1) 5,117
− 4,783
334

2) 3,712
− 3,074
638

3) 1,574
− 1,096
478

4) 4,179
− 4,111
68

5) 7,735
− 6,474
1,261

6) 2,814
− 1,110
1,704

7) 8,424
− 1,798
6,626

8) 2,041
− 1,443
598

9) 4,055
− 3,281
774

10) 2,018
− 1,054
964

1. 334
2. 638
3. 478
4. 68
5. 1,261
6. 1,704
7. 6,626
8. 598
9. 774
10. 964

37

```
  7218        5359        9896        7964
- 4130      - 4790      - 9784      - 1720
  3088         569         112        6244


  9777        9904        7527        8343
- 4880      - 4951      - 2702      - 4362
  4897        4953        4825        3981


  9356        2513        9762        7584
- 5215      - 2169      - 7537      - 1328
  4141         344        2225        6256
```

38

```
  3937        7795        7571        8379
- 3891      - 5891      - 5086      - 4461
    46        1904        2485        3918


  7191        4691        7688        9598
- 1158      - 1880      - 4573      - 1504
  6033        2811        3115        8094


  8542        8109        8469        9935
- 4241      - 3403      - 4612      - 6095
  4301        4706        3857        3840
```

39

```
  4468        8681        8445        3710
- 2127      - 4138      - 3563      - 2174
  2341        4543        4882        1536


  5532        6951        8639        4345
- 1828      - 2236      - 2308      - 3215
  3704        4715        6331        1130


  7950        9996        6369        7414
- 4873      - 6441      - 3728      - 3308
  3077        3555        2641        4106
```

40

```
  8587        7941        5548        6403
- 5150      - 4075      - 4735      - 1637
  3437        3866         813        4766


  8966        9831        5353        8062
- 1472      - 1260      - 1527      - 3960
  7494        8571        3826        4102


  6134        7125        8372        9471
- 4920      - 4187      - 8237      - 3839
  1214        2938         135        5632
```

41

9676	6955	8690	5763
- 1142	- 6004	- 6559	- 3493
8534	951	2131	2270

3845	7272	9169	7062
- 2709	- 6865	- 8744	- 2001
1136	407	425	5061

8459	7572	4277	4249
- 6945	- 7270	- 2848	- 2320
1514	302	1429	1929

42

8239	7378	8417	6433
- 3059	- 4298	- 4036	- 5904
5180	3080	4381	529

6111	8399	5520	9438
- 2377	- 3191	- 2884	- 7382
3734	5208	2636	2056

6158	8277	3735	8973
- 2652	- 4330	- 2842	- 8732
3506	3947	893	241

43

9972	8935	9725	9231
- 4408	- 7483	- 9390	- 5269
5564	1452	335	3962

4877	3363	2261	5503
- 1619	- 2131	- 1263	- 5412
3258	1232	998	91

6006	7058	3361	3783
- 3717	- 1076	- 1797	- 3673
2289	5982	1564	110

44

3629	5847	8590	4762
- 3312	- 2571	- 1226	- 2951
317	3276	7364	1811

6104	8799	5004	7181
- 1520	- 7047	- 2764	- 5954
4584	1752	2240	1227

4266	7277	7339	9886
- 3924	- 4229	- 2134	- 2006
342	3048	5205	7880

45

9061 - 3786 5275	9573 - 1206 8367	5550 - 2618 2932	9161 - 1930 7231
8100 - 7877 223	7671 - 2902 4769	9344 - 4598 4746	5237 - 5011 226
4425 - 4072 353	9870 - 5426 4444	6826 - 1021 5805	1446 - 1421 25

46

5062 - 2406 2656	8389 - 3167 5222	9147 - 7913 1234	9709 - 3859 5850
8106 - 4883 3223	7786 - 6256 1530	7667 - 6109 1558	9089 - 4072 5017
6304 - 1838 4466	6401 - 1071 5330	2419 - 2387 32	6014 - 5961 53

47

7177 - 2049 5128	8617 - 2554 6063	5729 - 4644 1085	8752 - 2455 6297
3456 - 1042 2414	3568 - 1221 2347	8475 - 1441 7034	9442 - 2710 6732
7965 - 1634 6331	4195 - 3164 1031	5346 - 4898 448	9837 - 7339 2498

48

6247 - 5723 524	6880 - 1897 4983	6576 - 5107 1469	8309 - 6852 1457
6809 - 6451 358	3276 - 2881 395	9626 - 2700 6926	9892 - 8845 1047
9272 - 7570 1702	8188 - 7891 297	8435 - 2253 6182	7011 - 3192 3819

49

1) $8\frac{6}{11} - 3\frac{5}{22} = \quad 8\frac{12}{22} - 3\frac{5}{22} = \quad 5\frac{7}{22}$

2) $7\frac{16}{23} - 3\frac{9}{46} = \quad 7\frac{32}{46} - 3\frac{9}{46} = \quad 4\frac{23}{46} = \quad 4\frac{1}{2}$

3) $7\frac{9}{22} - 1\frac{1}{11} = \quad 7\frac{9}{22} - 1\frac{2}{22} = \quad 6\frac{7}{22}$

4) $7\frac{10}{58} - 4\frac{1}{29} = \quad 7\frac{10}{58} - 4\frac{2}{58} = \quad 3\frac{8}{58} = \quad 3\frac{4}{29}$

5) $9\frac{7}{29} - 1\frac{12}{58} = \quad 9\frac{14}{58} - 1\frac{12}{58} = \quad 8\frac{2}{58} = \quad 8\frac{1}{29}$

6) $5\frac{6}{11} - 3\frac{7}{55} = \quad 5\frac{30}{55} - 3\frac{7}{55} = \quad 2\frac{23}{55}$

7) $6\frac{8}{9} - 3\frac{3}{5} = \quad 6\frac{40}{45} - 3\frac{27}{45} = \quad 3\frac{13}{45}$

8) $8\frac{10}{16} - 2\frac{1}{8} = \quad 8\frac{10}{16} - 2\frac{2}{16} = \quad 6\frac{8}{16} = \quad 6\frac{1}{2}$

9) $7\frac{2}{10} - 4\frac{1}{5} = \quad 7\frac{2}{10} - 4\frac{2}{10} = \quad 3$

10) $5\frac{3}{6} - 3\frac{1}{3} = \quad 5\frac{3}{6} - 3\frac{2}{6} = \quad 2\frac{1}{6}$

50

1) $6\frac{3}{4} - 2\frac{3}{5} = \quad 6\frac{15}{20} - 2\frac{12}{20} = \quad 4\frac{3}{20}$

2) $5\frac{2}{4} - 1\frac{13}{52} = \quad 5\frac{26}{52} - 1\frac{13}{52} = \quad 4\frac{13}{52} = \quad 4\frac{1}{4}$

3) $5\frac{1}{7} - 3\frac{4}{28} = \quad 5\frac{4}{28} - 3\frac{4}{28} = \quad 2$

4) $8\frac{3}{4} - 1\frac{11}{28} = \quad 8\frac{21}{28} - 1\frac{11}{28} = \quad 7\frac{10}{28} = \quad 7\frac{5}{14}$

5) $7\frac{15}{58} - 3\frac{7}{29} = \quad 7\frac{15}{58} - 3\frac{14}{58} = \quad 4\frac{1}{58}$

6) $9\frac{3}{4} - 4\frac{4}{13} = \quad 9\frac{39}{52} - 4\frac{16}{52} = \quad 5\frac{23}{52}$

7) $7\frac{3}{6} - 3\frac{1}{3} = \quad 7\frac{3}{6} - 3\frac{2}{6} = \quad 4\frac{1}{6}$

8) $7\frac{13}{58} - 1\frac{4}{29} = \quad 7\frac{13}{58} - 1\frac{8}{58} = \quad 6\frac{5}{58}$

9) $5\frac{2}{7} - 1\frac{1}{4} = \quad 5\frac{8}{28} - 1\frac{7}{28} = \quad 4\frac{1}{28}$

10) $8\frac{6}{13} - 3\frac{4}{26} = \quad 8\frac{12}{26} - 3\frac{4}{26} = \quad 5\frac{8}{26} = \quad 5\frac{4}{13}$

51

1) $9\frac{7}{11} - 2\frac{3}{22} = \quad 9\frac{14}{22} - 2\frac{3}{22} = \quad 7\frac{11}{22} = \quad 7\frac{1}{2}$

2) $9\frac{11}{29} - 2\frac{16}{58} = \quad 9\frac{22}{58} - 2\frac{16}{58} = \quad 7\frac{6}{58} = \quad 7\frac{3}{29}$

3) $7\frac{13}{18} - 3\frac{3}{12} = \quad 7\frac{26}{36} - 3\frac{9}{36} = \quad 4\frac{17}{36}$

4) $8\frac{1}{3} - 4\frac{15}{48} = \quad 8\frac{16}{48} - 4\frac{15}{48} = \quad 4\frac{1}{48}$

5) $6\frac{5}{7} - 3\frac{10}{21} = \quad 6\frac{15}{21} - 3\frac{10}{21} = \quad 3\frac{5}{21}$

6) $7\frac{8}{12} - 3\frac{1}{3} = \quad 7\frac{8}{12} - 3\frac{4}{12} = \quad 4\frac{4}{12} = \quad 4\frac{1}{3}$

7) $6\frac{10}{29} - 2\frac{11}{58} = \quad 6\frac{20}{58} - 2\frac{11}{58} = \quad 4\frac{9}{58}$

8) $7\frac{2}{6} - 4\frac{3}{12} = \quad 7\frac{4}{12} - 4\frac{3}{12} = \quad 3\frac{1}{12}$

9) $5\frac{8}{9} - 1\frac{15}{27} = \quad 5\frac{24}{27} - 1\frac{15}{27} = \quad 4\frac{9}{27} = \quad 4\frac{1}{3}$

10) $7\frac{2}{4} - 4\frac{3}{13} = \quad 7\frac{26}{52} - 4\frac{12}{52} = \quad 3\frac{14}{52} = \quad 3\frac{7}{26}$

52

1) $6\frac{12}{18} - 2\frac{1}{3} = \quad 6\frac{12}{18} - 2\frac{6}{18} = \quad 4\frac{6}{18} = \quad 4\frac{1}{3}$

2) $6\frac{3}{4} - 4\frac{15}{52} = \quad 6\frac{39}{52} - 4\frac{15}{52} = \quad 2\frac{24}{52} = \quad 2\frac{6}{13}$

3) $5\frac{12}{13} - 2\frac{15}{26} = \quad 5\frac{24}{26} - 2\frac{15}{26} = \quad 3\frac{9}{26}$

4) $8\frac{4}{6} - 3\frac{13}{42} = \quad 8\frac{28}{42} - 3\frac{13}{42} = \quad 5\frac{15}{42} = \quad 5\frac{5}{14}$

5) $8\frac{2}{11} - 2\frac{1}{22} = \quad 8\frac{4}{22} - 2\frac{1}{22} = \quad 6\frac{3}{22}$

6) $5\frac{5}{8} - 3\frac{2}{4} = \quad 5\frac{5}{8} - 3\frac{4}{8} = \quad 2\frac{1}{8}$

7) $9\frac{13}{29} - 4\frac{14}{58} = \quad 9\frac{26}{58} - 4\frac{14}{58} = \quad 5\frac{12}{58} = \quad 5\frac{6}{29}$

8) $9\frac{14}{18} - 2\frac{3}{6} = \quad 9\frac{14}{18} - 2\frac{9}{18} = \quad 7\frac{5}{18}$

9) $7\frac{11}{18} - 2\frac{3}{9} = \quad 7\frac{11}{18} - 2\frac{6}{18} = \quad 5\frac{5}{18}$

10) $9\frac{5}{8} - 2\frac{2}{4} = \quad 9\frac{5}{8} - 2\frac{4}{8} = \quad 7\frac{1}{8}$

53

1) $6\frac{9}{11} - 2\frac{4}{22} = 6\frac{18}{22} - 2\frac{4}{22} = 4\frac{14}{22} = 4\frac{7}{11}$

2) $5\frac{12}{13} - 3\frac{15}{26} = 5\frac{24}{26} - 3\frac{15}{26} = 2\frac{9}{26}$

3) $9\frac{2}{9} - 2\frac{1}{6} = 9\frac{4}{18} - 2\frac{3}{18} = 7\frac{1}{18}$

4) $7\frac{6}{8} - 3\frac{2}{32} = 7\frac{24}{32} - 3\frac{2}{32} = 4\frac{22}{32} = 4\frac{11}{16}$

5) $9\frac{12}{45} - 2\frac{2}{15} = 9\frac{12}{45} - 2\frac{6}{45} = 7\frac{6}{45} = 7\frac{2}{15}$

6) $9\frac{8}{10} - 1\frac{5}{50} = 9\frac{40}{50} - 1\frac{5}{50} = 8\frac{35}{50} = 8\frac{7}{10}$

7) $8\frac{10}{13} - 4\frac{10}{26} = 8\frac{20}{26} - 4\frac{10}{26} = 4\frac{10}{26} = 4\frac{5}{13}$

8) $6\frac{1}{4} - 2\frac{4}{32} = 6\frac{8}{32} - 2\frac{4}{32} = 4\frac{4}{32} = 4\frac{1}{8}$

9) $9\frac{3}{5} - 2\frac{3}{9} = 9\frac{27}{45} - 2\frac{15}{45} = 7\frac{12}{45} = 7\frac{4}{15}$

10) $7\frac{10}{18} - 2\frac{1}{6} = 7\frac{10}{18} - 2\frac{3}{18} = 5\frac{7}{18}$

54

1) $9\frac{4}{11} - 4\frac{12}{55} = 9\frac{20}{55} - 4\frac{12}{55} = 5\frac{8}{55}$

2) $7\frac{4}{5} - 3\frac{8}{10} = 7\frac{8}{10} - 3\frac{8}{10} = 4$

3) $9\frac{6}{7} - 4\frac{13}{21} = 9\frac{18}{21} - 4\frac{13}{21} = 5\frac{5}{21}$

4) $8\frac{9}{22} - 2\frac{3}{11} = 8\frac{9}{22} - 2\frac{6}{22} = 6\frac{3}{22}$

5) $6\frac{11}{29} - 1\frac{16}{58} = 6\frac{22}{58} - 1\frac{16}{58} = 5\frac{6}{58} = 5\frac{3}{29}$

6) $7\frac{6}{8} - 3\frac{14}{32} = 7\frac{24}{32} - 3\frac{14}{32} = 4\frac{10}{32} = 4\frac{5}{16}$

7) $8\frac{8}{11} - 1\frac{13}{22} = 8\frac{16}{22} - 1\frac{13}{22} = 7\frac{3}{22}$

8) $9\frac{7}{11} - 2\frac{13}{22} = 9\frac{14}{22} - 2\frac{13}{22} = 7\frac{1}{22}$

9) $9\frac{8}{9} - 4\frac{8}{45} = 9\frac{40}{45} - 4\frac{8}{45} = 5\frac{32}{45}$

10) $8\frac{3}{6} - 3\frac{5}{14} = 8\frac{21}{42} - 3\frac{15}{42} = 5\frac{6}{42} = 5\frac{1}{7}$

55

1) $9\frac{10}{52} - 3\frac{1}{26} = 9\frac{10}{52} - 3\frac{2}{52} = 6\frac{8}{52} = 6\frac{2}{13}$

2) $5\frac{5}{9} - 1\frac{12}{27} = 5\frac{15}{27} - 1\frac{12}{27} = 4\frac{3}{27} = 4\frac{1}{9}$

3) $8\frac{6}{9} - 1\frac{3}{5} = 8\frac{30}{45} - 1\frac{27}{45} = 7\frac{3}{45} = 7\frac{1}{15}$

4) $6\frac{3}{4} - 1\frac{2}{3} = 6\frac{9}{12} - 1\frac{8}{12} = 5\frac{1}{12}$

5) $8\frac{7}{13} - 4\frac{3}{26} = 8\frac{14}{26} - 4\frac{3}{26} = 4\frac{11}{26}$

6) $8\frac{8}{9} - 2\frac{10}{45} = 8\frac{40}{45} - 2\frac{10}{45} = 6\frac{30}{45} = 6\frac{2}{3}$

7) $9\frac{2}{4} - 2\frac{2}{52} = 9\frac{26}{52} - 2\frac{2}{52} = 7\frac{24}{52} = 7\frac{6}{13}$

8) $9\frac{12}{30} - 1\frac{7}{60} = 9\frac{24}{60} - 1\frac{7}{60} = 8\frac{17}{60}$

9) $9\frac{1}{5} - 3\frac{2}{50} = 9\frac{10}{50} - 3\frac{2}{50} = 6\frac{8}{50} = 6\frac{4}{25}$

10) $9\frac{2}{13} - 1\frac{3}{26} = 9\frac{4}{26} - 1\frac{3}{26} = 8\frac{1}{26}$

56

1) $9\frac{16}{29} - 4\frac{13}{58} = 9\frac{32}{58} - 4\frac{13}{58} = 5\frac{19}{58}$

2) $9\frac{5}{14} - 3\frac{1}{6} = 9\frac{15}{42} - 3\frac{7}{42} = 6\frac{8}{42} = 6\frac{4}{21}$

3) $7\frac{2}{3} - 3\frac{3}{18} = 7\frac{12}{18} - 3\frac{3}{18} = 4\frac{9}{18} = 4\frac{1}{2}$

4) $7\frac{3}{7} - 3\frac{5}{21} = 7\frac{9}{21} - 3\frac{5}{21} = 4\frac{4}{21}$

5) $7\frac{4}{5} - 3\frac{1}{4} = 7\frac{16}{20} - 3\frac{5}{20} = 4\frac{11}{20}$

6) $7\frac{6}{48} - 3\frac{3}{24} = 7\frac{6}{48} - 3\frac{6}{48} = 4$

7) $9\frac{2}{6} - 3\frac{10}{42} = 9\frac{14}{42} - 3\frac{10}{42} = 6\frac{4}{42} = 6\frac{2}{21}$

8) $7\frac{15}{21} - 1\frac{2}{7} = 7\frac{15}{21} - 1\frac{6}{21} = 6\frac{9}{21} = 6\frac{3}{7}$

9) $8\frac{12}{46} - 1\frac{5}{23} = 8\frac{12}{46} - 1\frac{10}{46} = 7\frac{2}{46} = 7\frac{1}{23}$

10) $9\frac{7}{45} - 4\frac{1}{15} = 9\frac{7}{45} - 4\frac{3}{45} = 5\frac{4}{45}$

57

1) $9\frac{4}{11} - 1\frac{2}{22} = \quad 9\frac{8}{22} - 1\frac{2}{22} = \quad 8\frac{6}{22} = \quad 8\frac{3}{11}$

2) $8\frac{5}{26} - 1\frac{1}{13} = \quad 8\frac{5}{26} - 1\frac{2}{26} = \quad 7\frac{3}{26}$

3) $6\frac{3}{10} - 1\frac{5}{40} = \quad 6\frac{12}{40} - 1\frac{5}{40} = \quad 5\frac{7}{40}$

4) $9\frac{2}{3} - 3\frac{2}{4} = \quad 9\frac{8}{12} - 3\frac{6}{12} = \quad 6\frac{2}{12} = \quad 6\frac{1}{6}$

5) $5\frac{5}{6} - 2\frac{1}{12} = \quad 5\frac{10}{12} - 2\frac{1}{12} = \quad 3\frac{9}{12} = \quad 3\frac{3}{4}$

6) $7\frac{14}{27} - 3\frac{1}{9} = \quad 7\frac{14}{27} - 3\frac{3}{27} = \quad 4\frac{11}{27}$

7) $8\frac{1}{4} - 1\frac{1}{8} = \quad 8\frac{2}{8} - 1\frac{1}{8} = \quad 7\frac{1}{8}$

8) $6\frac{2}{4} - 4\frac{1}{6} = \quad 6\frac{6}{12} - 4\frac{2}{12} = \quad 2\frac{4}{12} = \quad 2\frac{1}{3}$

9) $8\frac{4}{5} - 3\frac{4}{10} = \quad 8\frac{8}{10} - 3\frac{4}{10} = \quad 5\frac{4}{10} = \quad 5\frac{2}{5}$

10) $6\frac{11}{45} - 4\frac{1}{9} = \quad 6\frac{11}{45} - 4\frac{5}{45} = \quad 2\frac{6}{45} = \quad 2\frac{2}{15}$

58

1) $5\frac{9}{24} - 3\frac{4}{12} = \quad 5\frac{9}{24} - 3\frac{8}{24} = \quad 2\frac{1}{24}$

2) $5\frac{14}{23} - 1\frac{5}{46} = \quad 5\frac{28}{46} - 1\frac{5}{46} = \quad 4\frac{23}{46} = \quad 4\frac{1}{2}$

3) $5\frac{11}{29} - 4\frac{12}{58} = \quad 5\frac{22}{58} - 4\frac{12}{58} = \quad 1\frac{10}{58} = \quad 1\frac{5}{29}$

4) $8\frac{14}{16} - 2\frac{1}{8} = \quad 8\frac{14}{16} - 2\frac{2}{16} = \quad 6\frac{12}{16} = \quad 6\frac{3}{4}$

5) $7\frac{14}{58} - 1\frac{1}{29} = \quad 7\frac{14}{58} - 1\frac{2}{58} = \quad 6\frac{12}{58} = \quad 6\frac{6}{29}$

6) $5\frac{2}{6} - 3\frac{2}{10} = \quad 5\frac{10}{30} - 3\frac{6}{30} = \quad 2\frac{4}{30} = \quad 2\frac{2}{15}$

7) $8\frac{7}{11} - 1\frac{5}{22} = \quad 8\frac{14}{22} - 1\frac{5}{22} = \quad 7\frac{9}{22}$

8) $6\frac{2}{3} - 2\frac{15}{48} = \quad 6\frac{32}{48} - 2\frac{15}{48} = \quad 4\frac{17}{48}$

9) $9\frac{7}{11} - 3\frac{13}{55} = \quad 9\frac{35}{55} - 3\frac{13}{55} = \quad 6\frac{22}{55} = \quad 6\frac{2}{5}$

10) $7\frac{1}{4} - 3\frac{7}{28} = \quad 7\frac{7}{28} - 3\frac{7}{28} = \quad 4$

59

1) $7\frac{1}{3} - 4\frac{2}{42} = \quad 7\frac{14}{42} - 4\frac{2}{42} = \quad 3\frac{12}{42} = \quad 3\frac{2}{7}$

2) $5\frac{8}{16} - 3\frac{10}{32} = \quad 5\frac{16}{32} - 3\frac{10}{32} = \quad 2\frac{6}{32} = \quad 2\frac{3}{16}$

3) $7\frac{5}{15} - 1\frac{7}{45} = \quad 7\frac{15}{45} - 1\frac{7}{45} = \quad 6\frac{8}{45}$

4) $6\frac{9}{26} - 4\frac{5}{52} = \quad 6\frac{18}{52} - 4\frac{5}{52} = \quad 2\frac{13}{52} = \quad 2\frac{1}{4}$

5) $5\frac{8}{9} - 4\frac{10}{15} = \quad 5\frac{40}{45} - 4\frac{30}{45} = \quad 1\frac{10}{45} = \quad 1\frac{2}{9}$

6) $5\frac{14}{16} - 2\frac{10}{48} = \quad 5\frac{42}{48} - 2\frac{10}{48} = \quad 3\frac{32}{48} = \quad 3\frac{2}{3}$

7) $6\frac{8}{20} - 1\frac{5}{40} = \quad 6\frac{16}{40} - 1\frac{5}{40} = \quad 5\frac{11}{40}$

8) $8\frac{3}{5} - 2\frac{10}{20} = \quad 8\frac{12}{20} - 2\frac{10}{20} = \quad 6\frac{2}{20} = \quad 6\frac{1}{10}$

9) $9\frac{13}{16} - 4\frac{5}{12} = \quad 9\frac{39}{48} - 4\frac{20}{48} = \quad 5\frac{19}{48}$

10) $6\frac{5}{52} - 4\frac{1}{13} = \quad 6\frac{5}{52} - 4\frac{4}{52} = \quad 2\frac{1}{52}$

60

1) $9\frac{3}{5} - 2\frac{6}{20} = \quad 9\frac{12}{20} - 2\frac{6}{20} = \quad 7\frac{6}{20} = \quad 7\frac{3}{10}$

2) $7\frac{15}{20} - 3\frac{2}{4} = \quad 7\frac{15}{20} - 3\frac{10}{20} = \quad 4\frac{5}{20} = \quad 4\frac{1}{4}$

3) $9\frac{3}{7} - 2\frac{3}{28} = \quad 9\frac{12}{28} - 2\frac{3}{28} = \quad 7\frac{9}{28}$

4) $8\frac{4}{5} - 4\frac{2}{3} = \quad 8\frac{12}{15} - 4\frac{10}{15} = \quad 4\frac{2}{15}$

5) $7\frac{7}{10} - 1\frac{1}{4} = \quad 7\frac{14}{20} - 1\frac{5}{20} = \quad 6\frac{9}{20}$

6) $7\frac{12}{32} - 4\frac{4}{16} = \quad 7\frac{12}{32} - 4\frac{8}{32} = \quad 3\frac{4}{32} = \quad 3\frac{1}{8}$

7) $8\frac{2}{3} - 3\frac{10}{24} = \quad 8\frac{16}{24} - 3\frac{10}{24} = \quad 5\frac{6}{24} = \quad 5\frac{1}{4}$

8) $5\frac{9}{27} - 3\frac{2}{6} = \quad 5\frac{18}{54} - 3\frac{18}{54} = \quad 2$

9) $8\frac{4}{6} - 4\frac{2}{5} = \quad 8\frac{20}{30} - 4\frac{12}{30} = \quad 4\frac{8}{30} = \quad 4\frac{4}{15}$

10) $9\frac{10}{21} - 2\frac{1}{7} = \quad 9\frac{10}{21} - 2\frac{3}{21} = \quad 7\frac{7}{21} = \quad 7\frac{1}{3}$